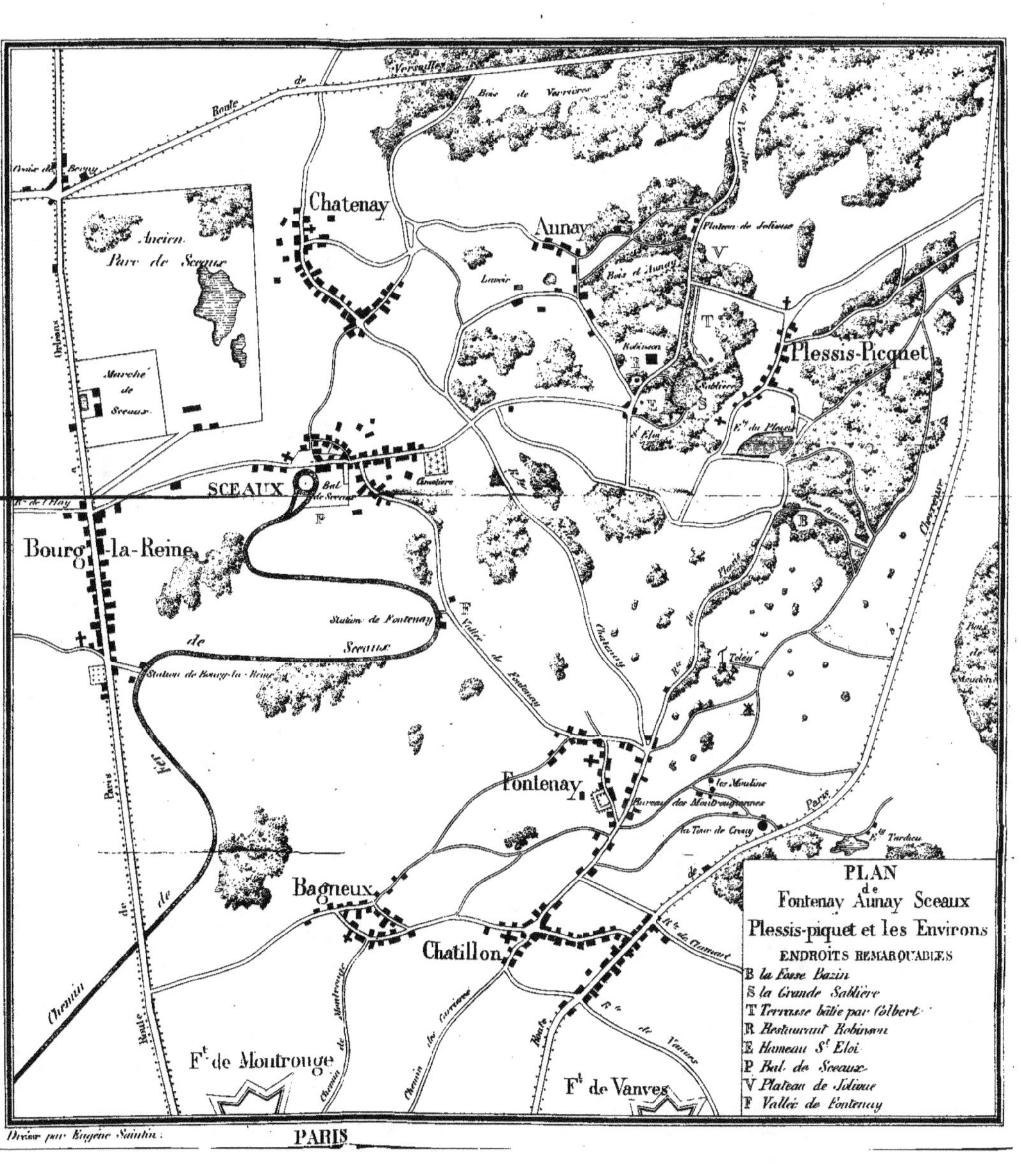

Route de Versailles
Bois de Verrières
Chatenay
Aunay
Plateau de Solisse
V
Bois d'Aunay
Lavoir
Robinson
T
Plessis-Picquet
Ancien
Parc de Sceaux
Sablière
S
Marché
de
Sceaux
E
F.n du Plessis
Cimetière
B
SCEAUX
Bal de Sceaux
P
Bourg-la-Reine
Station de Fontenay
de
F
Sceaux
Vallée de Fontenay
Téley
T
Station de Bourg-la-Reine
Paris
Fontenay
les Moulins
Bureau des Montrougiennes
la Tour de Croy
F.n Tardieu
Bagneux
PLAN
de
Fontenay Aunay Sceaux
Plessis-piquet et les Environs
ENDROITS REMARQUABLES
B la Fosse Bazin
S la Grande Sablière
T Terrasse bâtie par Colbert
R Restaurant Robinson
E Hameau St Eloi
P Bal de Sceaux
V Plateau de Solisse
F Vallée de Fontenay
Chatillon
F.t de Montrouge
F.t de Vanves
Dessin par Eugène Saintin
PARIS

LE GUIDE DES PROMENEURS

DANS LA

CAMPAGNE DE SCEAUX,

LES BOIS D'AUNAY, PLESSIS-PICQUET, FONTENAY-AUX-ROSES ET LES ENVIRONS.

NOTICE

HISTORIQUE ET PITTORESQUE

sur ces endroits.

Avec une Carte indiquant exactement tous les chemins.

Se vend :
à Aunay, au Restaurant Robinson ;
à Fontenay et à Montrouge, aux Bureaux des Montrougiennes ;
et à Paris, rue du Petit-Bourbon, 8.

1849.

TABLE DES CHAPITRES.

AVANT-PROPOS.

Depuis longtemps Paris est regardé comme la première ville du monde; les grands et magnifiques monuments qu'il renferme, les nombreuses collections d'objets d'art et de science qu'il offre à l'admiration publique, les souvenirs historiques qu'il rappelle, mille causes diverses de plaisirs ou de simple curiosité y attirent à tout instant et de toutes les parties du monde une foule immense et sans cesse renaissante d'étrangers.

Sans doute Paris dans sa seule enceinte peut occuper longtemps ceux qui le visitent, mais cette ville célèbre n'est pas seulement renommée par la beauté de son intérieur, elle l'est aussi par la richesse et la variété de ses environs. Peu de villes offrent des paysages plus pittoresques et plus enchanteurs que ceux qui entourent cette capitale. Qui n'a pas, en effet, admiré les sites de Meudon, de Montmorency, de Saint-Germain et de Saint-Cloud. La nature n'a pas pris seule le soin d'orner ces paysages, les arts se sont empressés d'y multiplier les miracles ; les châteaux, les maisons de campagne et les parcs s'y trouvent comme prodigués.

Déjà de nombreux ouvrages ont fait connaître, en les célébrant, Saint-Cloud, Saint-Germain, Meudon, Versailles, etc., aussi ces endroits abondent-ils en promeneurs ; nous ne les décrirons donc pas, mais nous nous attacherons spécialement à une petite partie de pays qui, pour n'être pas très connue, n'en est pas moins ce que les environs de Paris peuvent offrir de plus beau ; je veux parler de tout l'espace compris, au midi de cette ville, entre la route d'Orléans, les bois de Verrières et la route de Chevreuse, espace qui comprend dans son sein Châtillon, Bagneux, Fontenay-aux-Roses, Plessis-Picquet, Aunay, Châtenay, Sceaux et Bourg-la-Reine. Cette campagne, la plus riche, et sans contredit, la plus belle qu'on puisse trouver, entrecoupée de collines, de bosquets et de champs de fleurs, renferme de délicieux paysages, dont il est impossible de décrire la variété et la richesse sans rester infiniment au-dessous de la réalité.

Dans cette Notice, nous donnons l'indication exacte des villages, hameaux et bourgs situés dans cette partie que nous allons explorer et tâcher de faire connaître aux promeneurs parisiens qui vont souvent chercher bien loin. et à grands frais de beaux points de vue, quand ils ont à leur porte ce que l'on peut trouver de plus riche et de plus admirable.

J'offre avec confiance ce petit travail aux nombreux amateurs de la belle nature, espérant qu'il donnera à ceux qui ont déjà parcouru ces campagnes l'envie de renouveler leurs excursions, et cela avec plus de plaisir maintenant qu'ils auront un guide, et que ceux qui n'ont pas encore dirigé leurs parties de ce côté en prendront le désir.

Nous avons joint à cette Notice une carte qui donne l'indication exacte des chemins si multipliés qui sillonnent ces campagnes, des villages dont nous donnons l'histoire, et de tous les endroits remarquables et dignes de visite.

LE GUIDE
DES PROMENEURS.

CHATILLON*.

—

Le premier village dont nous ayons à nous occuper est Châtillon, commune du département de la Seine, canton et arrondissement de Sceaux. Son nom latin **Castellio**, indique qu'il a dû son origine à quelque forteresse bâtie autrefois sur son territoire ; quelques débris de ruine que l'on trouve sur ses hauteurs peuvent accréditer cette opinion. La plus importante de ces ruines est connue sous le nom de tour de Crouy, il n'en reste plus que la base, qui est aujourd'hui transformée en glacière et surmontée d'un kiosque. C'est à tort qu'il est appelé Châtillon-sur-Seine par quelques géographes, sa position éloignée de plus d'une lieue de la Seine s'oppose à ce qu'on puisse lui laisser cette dénomination.

---

* Châtillon est situé sur la route de Chevreuse à Paris, à 7 kilomètres de cette dernière ville. Les voitures dites Montrougiennes qui font en 40 minutes le trajet de Paris à Fontenay pour 30 centimes, le traversent dans toute son étendue. Leur bureau est à la barrière d'Enfer, et à Paris, rue de Grenelle-Saint-Honoré, 55. Départ tous les quarts d'heure.

l.

La situation de Châtillon, sur une éminence assez élevée, est l'une des plus remarquables des environs de Paris ; on y jouit d'une très belle vue, l'œil planant sur les villages de Bagneux, Vanves, Issy et Montmourouge, et embrassant au loin tout Paris. L'air y est très pur et très salubre ; ces avantages y ont fait singulièrement multiplier les maisons de campagne, parmi lesquelles on peut citer celles de MM. Picque, Pluchet, Hachette, etc.

L'église, située au milieu du village, date de Charles VII. La fête patronale a lieu le premier dimanche de mai.

Voitures les **Montrougiennes**, rue Grenelle-Saint-Honoré, 55.

BAGNEUX.

Bagneux, qui se trouve un peu à l'est de Châtillon, tire son nom latin **Balneolum**, des bains qui, dit-on, étaient autrefois sur son territoire. Mais le peu d'eau qu'on trouve à Bagneux rend cette étymologie fort suspecte. Ce village serait très ancien comme le prouve une charte de Charles-le-Chauve, où il est mentionné sous le nom **Vicus Baniolum,** et comme appartenant à l'église de Paris.

Bagneux, qui faisait autrefois partie de la province de l'Ile-de-France, est maintenant du département de la Seine, il est situé à 8 kilomètres de Paris, à une légère distance de la route d'Orléans, sur la droite et dans la plaine.

L'église, dont saint Herbland est le patron, avait déjà été rebâtie dans le treizième siècle, et elle vient encore d'être entièrement restaurée. Le vaisseau en est fort beau. Il est vouté avec des galeries en petit pratiquées à l'instar de celles de Notre-Dame de Paris. Le portail est de la plus haute antiquité; il a été indignement mutilé en 1793; on n'en voit plus qu'un débris sur lequel on peut encore avoir une idée des sculptures qui le décoraient. On y avait représenté Dieu le père, accompagné de quatre anges tenant chacun un chandelier à la main.

Le clocher actuel a été enté sur l'ancien, qui est au côté droit de l'église ; il paraît avoir aussi un grand besoin d'être réparé ; il possède un assez beau carillon, qui fait penser à celui de Saint-Étienne-du-Mont de Paris.

Autrefois, le jour de la fête de saint Herbland, une grande partie du Châtelet de Paris se transportait solennellement à Bagneux et y dînait, comme c'était l'usage de le faire à Bagnolet le jour de Saint-Gilles.

Henri IV, en 1569, vint à Bagneux et y campa avec ses troupes au retour d'une expédition dans le pays de Caux.

Le cardinal de Richelieu avait dans ce village une superbe maison de plaisance, et on montre encore le jardin qui lui aurait appartenu.

On exploite à Bagneux beaucoup de carrières à plâtre, de pierres de liais et de pierres à bâtir.

Le territoire de cette commune, ainsi que celui de Châtillon, est fertile en grains et en vignes, qui y sont abondantes, et qui produisent des vins assez estimés aux guinguettes des barrières de Paris. Les légumes qu'il produit sont aussi, pour les habitants, une branche de commerce d'autant plus lucrative qu'ils sont fort recherchés dans les marchés de la capitale.

La fête a lieu sur la place de l'église, vers le 18 octobre.

Les voitures Montrougiennes ont tous les jours deux départs pour Bagneux.

FONTENAY-AUX-ROSES.

—

Fontenay se trouve un peu au dessus de Châtillon et dans une situation encore plus agréable ; l'œil au moins n'y est pas fatigué par la vue triste et ennuyeuse des carrières qui entourent ce dernier village, aussi les belles maisons de campagne y sont elles encore plus nombreuses.

Le nom de Fontenay lui vient du grand nombre de sources ou fontaines qu'il renferme surtout dans sa partie basse appelée la vallée : le surnom aux Roses qu'il porte maintenant est dû aux superbes rosiers que l'on y cultive en abondance. Cette culture de roses donne au printemps un aspect enchanteur à ce village. Des champs entiers couverts de la plus belle des fleurs forment le coup-d'œil le plus agréable et embaument l'air des parfums les plus suaves ; aux rosiers se joignent les violettes et les fraises cultivées en plein champ. Dans le bas du village est un lavoir public alimenté par un ruisseau qui serpente dans la vallée et forme plusieurs petits étangs.

La jolie position de ce village, son nom, son paysage, le genre de culture qui y est le plus favorisé, le bon air qu'on y respire, les points de vue qu'il présente, tout contribue à en faire un séjour ravissant, aussi y voit on de nombreuses maisons de plaisance toutes plus jolies les unes que les autres, que l'élite de la société parisienne vient habiter dans les beaux jours. Une de ces maisons, que l'on pourrait appeler un château, appartient

1..

depuis plus d'un siècle à la famille de M. Ledru-Rollin ex-membre de l'ex-gouvernement provisoire. Ce personnage la possède encore aujourd'hui et vient souvent s'y délasser au milieu des douceurs de la vie **pastorale**, des attaques auxquelles sa politique rouge-foncé le met journellement en but.

Il est arrivé dans ce manoir une aventure assez singulière pour que nous la rapportions.

Le célèbre physicien Ledru-Comus était un homme bizarre et fort intéressé ; le jour où son fils (oncle de Ledru-Rollin actuel) atteignit sa dix-huitième année, il le fit venir dans son cabinet et lui dit : « J'ai commencé ma fortune avec un écu ; en voilà un, vas, et sois aussi heureux que moi. » et il lui ferma la porte de sa maison.

Le jeune homme ne perdit pas courage ; aidé de quelques amis, il se mit à étudier la médecine et devint un des meilleurs élèves internes de l'Hôtel-Dieu. Cependant Comus meurt et laisse à son fils la terre de Fontenay avec une assez grande fortune. Celui-ci voulant faire embellir son manoir eut besoin de faire lever une des glaces du salon ; quelle fut sa surprise en découvrant que cette glace recélait le trésor de son père et une fortune plus considérable que celle qu'il avait laissée en mourant.

Nommé depuis maire de Fontenay par l'assentiment de ses concitoyens, il en devint le père et n'employa son immense fortune qu'à répandre autour de lui le bonheur en soulageant l'infortune.

Puissent ses neveux suivre de si généreux exemples, et ne devenir jamais **autre chose** que les bienfaiteurs de leur pays !

Le territoire de Fontenay est, comme nous l'avons dit, particulièrement cultivé en rosiers et en violettes; les habitants se livrent également avec beaucoup de succès à la culture des fraisiers: on en voit là des champs entiers, et les jeunes paysannes de Fontenay, qui sont presque toutes jolies, viennent chaque jour à Paris vendre les fraises qu'elles recueillent dans leur commune. Les parties de terrain qui ne rapportent ni roses ni fraises sont plantées en vignes et arbres fruitiers; on y voit aussi plusieurs pépinières qui produisent par leur disposition de très jolis aspects.

L'église de Fontenay nouvellement construite est d'une propreté et d'une élégance remarquables.

La fête patronale a lieu le dimanche 12 juillet; elle se tient ordinairement sous les belles allées d'arbres qui se trouvent dans la grande rue de Fontenay, à l'entrée du village.

Si, au lieu de suivre la grande rue de Fontenay vous descendez le chemin sablé où se trouve le bureau des voitures, et que l'on appelle le Chemin creux ou rue de la Cavée, vous ne tarderez pas à vous trouver au milieu de la plus belle nature que l'on puisse voir. La route, tantôt bordée de roses ou de violettes, tantôt resserrée entre un bosquet touffu et une haie d'aubépine, se déroule en serpentant à travers ces champs fleuris comme un long ruban doré. Ici la pente est rapide et la route semble descendre aux entrailles de la terre, maintenant elle s'élève et vous conduit sur un étroit plateau d'où votre regard plonge sur un horison de plus de dix lieues. Là, d'énormes noyers recouvrent le chemin et le transforment en un berceau impénétrable aux plus forts rayons du soleil. Il semble qu'on se promène dans un parc immense et bien dessiné. Bientôt vous apercevez une belle prairie qu'ornent quelques saules et que borde un étang, vous êtes au Plessis-Piequet.

Mais avant d'entrer au village, prenez ce petit sentier qui fait face au chemin d'Aunay, que nous suivrons tout à l'heure : ne craignez pas de vous enfoncer dans cette voie mystérieuse, et au bout de quelques minutes vous vous trouverez au fond du sombre précipice que l'on nomme la fosse Bazin. Là vous n'entendez d'autres bruits que celui du vent qui siffle dans le feuillage, vous n'apercevez plus autour de vous, de toute part, qu'une sombre verdure, une voûte épaisse de feuilles vous dérobe même l'aspect du ciel ; vous pouvez vous croire à cent lieues de Paris, aucune trace de civilisation ne viendra vous détromper, ni aucun bruit vous arracher à vos rêveries.

Revenons maintenant sur nos pas et continuons notre promenade : longeons la prairie que nous venions de quitter, passons devant l'étang en admirant la superbe propriété à laquelle il sert de clôture, et entrons au Plessis-Piequet.

PLESSIS-PICQUET.

Ce petit hameau, situé sur la pente d'une colline assez élevée et entourée de bocages qui lui donnent un aspect champêtre et pittoresque, n'offre rien de bien remarquable, si ce n'est plusieurs belles maisons de campagne dont une possède un parc qui contient plus de cent arpents. Cette terre a appartenu à Colbert, et c'est lui qui y a fait construire, dans l'endroit le plus culminant une terrasse magnifique d'où l'œil domine sur une campagne étendue et variée, et jusque sur la capitale dont il découvre une partie.

Cette terrasse se prolonge jusqu'au bois de Verrières. Au deux bouts sont deux pavillons de repos, l'un de ces pavillons est le point le plus élevé de tout le département de la Seine, il se trouve à 137 mètres au dessus du niveau moyen de la Seine pris au Pont-Neuf. Cette superbe propriété appartient à M. Odier, banquier.

Reprenons maintenant la route d'Aunay en face du sentier qui conduit à la fosse Bazin, nous arriverons en quelques minutes au carrefour Saint-Eloi. Là les chemins se croisent et s'entre croisent et vous laissent dans l'incertitude de la route que vous devez tenir. Suivez, si vous m'en croyez, celui qui monte si rapidement, et vous serez amplement dédommagé de la peine que vous aurez eu à le gravir lorsque vous aurez atteint l'immense plateau de Jolie-Vue où il conduit.

1...

Mais cette assez longue excursion doit commencer à vous faire sentir le besoin de reprendre des forces et aussi un peu de repos. Vous ne pourrez le faire nulle part plus délicieusement qu'à Robinson. Ce nouveau restaurant, qui jouit déjà d'une si grande renommée mérite certainement bien une visite. Plus d'une surprise vous y attendent. Cet établissement pittoresque procure aux promeneurs une agréable et charmante étape; rien n'y a été négligé, et c'est une chose curieuse que de trouver tout le confortable des restaurants de Paris, au milieu des bois et loin de toute habitation. On a eu l'ingénieuse idée de construire au sommet d'un immense châtaignier une élégante chaumière où douze personnes peuvent dîner parfaitement à l'aise; on y arrive par un escalier rustique en bois de grume qui serpente autour du tronc et des énormes branches de l'arbre. On jouit, du haut de ce petit salon aérien, des plus délicieux points de vue.

Un de nos meilleurs artistes du Théâtre-Français, M. Beauvalet, a chanté les charmes de ce séjour dans une belle idylle que l'on peut lire à Robinson.

Nous ne pouvons résister au plaisir de la donner ici en entier à nos lecteurs, l'auteur nous ayant donné son agrément :

ROBINSON.

—

Si, lassé des bruits de la ville,
Fatigué de l'éclat du jour,
Vous voulez une ombre tranquille,
Un doux et champêtre séjour ;
Si les fleurs, les bois, la verdure,
Les oiseaux à la voix si pure,
L'aspect d'une forte nature
Charment vos oreilles et vos yeux ;
Si, près de l'arbre séculaire,
Couché sur la mousse légère,
Votre esprit veut rêver aux cieux ;
Ou si moins grave et moins sensée,
Se promène votre pensée
Sur les biens du monde réel,
Et que votre force lassée
Veuille un plaisir substantiel ;
Exempt d'une crainte importune,
Abandonnez votre fortune
Au char léger de la vapeur ;
Et, rapide comme la foudre,
Ou lancé comme avec la poudre,
Vous verrez, hardi voyageur,
Se dérouler comme un mirage,
Les mouvants tableaux du voyage,
Et tomberez, frais et dispos,
Sous le tumultueux ombrage
Qui recouvre le bal de Sceaux !

Mais laissez là cette cohue.
Ce plaisir bruyant et banal :
On ne quitte pas une rue
Pour se renfermer dans un bal.
Non ! on cherche une solitude
Où rien ne rappelle l'étude
Ni les travaux de la maison ;
On cherche une verte vallée ;
On cherche une place isolée,
Où naissent les fleurs à foison :
On cherche au bout de la clairière,
Un châlet aux murs de meulière,
Et l'on arrive à Robinson !....
Robinson ! nom cher à l'enfance,
Que, vieux, l'on se rappelle encor !
Dont le souvenir, doux trésor !
Nous reporte aux jours d'innocence !...
Le réduit qui porte ce nom
N'est point une île inhabitée,
Non ! c'est une terre enchantée
D'arbres et d'abustes plantée,
Dont l'ombre immense projetée,
S'étend jusqu'au pied du vallon
Et va mourir dans la prairie !...
Là, tous les plaisirs de la vie
Se présentent aux yeux ravis !
Tout au-dessus du toît de chaume
S'échappent, bleuâtre fantôme,
Au milieu des rameaux fleuris,
De légers flocons de fumée
Portant la saveur embaumée
De la cuisine du châlet.
L'aï, le mâcon, le claret
Sortent tout frais de dessous terre,

Pour venir, colorant le verre,
Charmer le gosier et les yeux.
Là, tout est bonheur, vie et joie !
Là, tous les hommes sont heureux !
D'aucun chagrin l'on n'est la proie :
On y chante avec les oiseaux ;
On y soupire avec la brise ;
On court de surprise en surprise :
On voit à travers les rameaux
D'un gros châtaignier centenaire,
Tout en haut de sa tête altière,
Se balancer une chaumière
Nid aérien de buveurs !...
Mais je m'arrête !... voyageurs,
Allez, et jugez par vous-même...
Tout pleins d'un souvenir qu'on aime,
Lorsque le chagrin sombre et blême
Viendra troubler votre raison,
Pour mieux dérober votre vie
A sa fureur inassouvie,
Vous reviendrez à Robinson !...

Presque en face de Robinson se trouve la grande sablière du Plessis. Cette sablière, haute de plus de 20 mètres, mérite bien d'être vue, et rarement les promeneurs la visitent sans tenter de la gravir, œuvre qui sans être périlleuse est excessivement difficile. Rien de plus divertissant que de voir des compagnies entières s'essayer à la franchir ; il faut devenir quadrupède : tout à coup le plus ardent, au moment d'atteindre le sommet, perd l'équilibre et se voit retomber jusqu'en bas, en roulant mollement dans des flots d'un sable

fin et presque impalpable. Cet amusement peut
donner l'idée d'une ascension au Vésuve, seulement la lave grisâtre y est remplacée par un sa-
blon doré du plus bel effet. C'est au sommet si
ardu de cette sablière que se trouve la belle terrasse de Colbert, dont nous avons déjà parlé. Du
pied de cette terrasse vous voyez se dérouler un
immense panorama. Tournez à votre gauche, cô-
toyez ce long mur à travers les taillis de châtaigniers, et vous arriverez bientôt au plateau de
Jolie-Vue : ici toute description serait faible et
incomplète ; allez, et jugez vous-mêmes.

Ce plateau est dominé par une propriété dite
les Crénaux. Elle appartient à M. Barrois, libraire
de Paris.

Quand vous serez rassasié de cette vue, prenez
le sentier qui vient immédiatement après la propriété des Créneaux, et vous descendrez à Aunay,
dont nous n'allons dire qu'un mot.

AUNAY.

—

Ce petit hameau doit sans doute son nom aux aulnes qui devaient y croître en abondance; en effet, le sol y est généralement humide et partant favorable à ce genre de plante, mais cette culture y a été entièrement abandonnée pour faire place à de jolies propriétés d'agrément qui se partagent aujourd'hui la presque totalité de son territoire. Aunay est situé dans une vallée retirée, les penchants des collines qui l'entourent sont plantés de chênes, de châtaigniers et aussi de sapins, qui lui donnent cet air sauvage qui l'a fait surnommer la petite Suisse. N'y cherchez pas de châteaux ni même de maisons de campagne ordinaires, les chalets y sont seuls admis Ces habitations, qui ne sont rustiques qu'à l'extérieur et qui au dedans laisse voir la plus riche élégance, sont toutes entourées de haies vives qui vous permettent d'entrevoir la délicieuse disposition de leurs jardins. La plupart des chemins, couverts d'un gazon moelleux, sont bordés des deux côtés par de petits ruisseaux dont l'eau limpide et bruyante semble se plaire à accompagner de ses murmures les pas des promeneurs.

Aunay sera à jamais célèbre par le séjour qu'y faisait chaque année M. de Châteaubriand. Cet illustre écrivain possédait à Aunay une de ces charmantes villas. C'est dans une petite chapelle située au milieu du parc qu'il conservait l'eau du Jourdain rapportée de ses voyages en Terre-Sainte, et qui a servi au baptême du dernier rejeton de la race d'Henri IV et Louis XIV, Henri de France, comte de Chambord.

CHATENAY.

Chatenay, situé un peu au dessus et à la gauche d'Aunay, est un village fort ancien. Il doit son surnom de lès-Bagneux au village assez éloigné de Bagneux, dont il paraît avoir été une dépendance avant que Sceaux et Bourg-la-Reine existassent ; il est du moins certain que son antiquité est égale à celle de Bagneux lui-même, car dans un titre latin du neuvième siècle Chatenay est nommé **Castanetum**, comme un lieu voisin de Verrières. Ce nom lui vient probablement des châtaigniers qui croissaient sur son territoire. Le sable dont il est composé en grande partie le rend très propre à produire ce genre d'arbres. L'église, dédiée à Saint-Germain, a été rebâtie nouvellement ; cependant plusieurs de ses parties annoncent une construction ancienne : nous citerons la tour, qui est travaillée fort élégamment ; elle paraît avoir au moins six cents ans d'existence.

Chatenay est situé, à 12 kilomètres environ, au sud-ouest de Paris, sur la pente d'un coteau qui regarde l'orient. Il est à quelque distance de la route d'Orléans ; on l'aperçoit à droite, un peu au-delà des hauteurs de Sceaux. La principale production actuelle du terroir est en vignes, qui en couvrent tous les coteaux. On y voit aussi quelques terres labourables et des prairies assez abondantes dans les vallées. Les vignes et les prés renferment çà et là quelques bouquets d'arbres qui produisent un effet fort agréable.

La variété champêtre des points de vue de la campagne de Chatenay y a fait construire un grand nombre de maisons de plaisance.

L'une d'elles a été le berceau de l'homme le plus célèbre peut-être du siècle dernier : Voltaire, cet ecrivain qui a eu une influence si funeste sur les hommes de son temps, y est né en 1694. Cette maison a appartenu, en 1812, au prince Aldo-brandini Borghèse, beau-frère de Bonaparte.

Une autre maison, située au Petit-Chambord, hameau de cette commune, se remarque aussi de la route d'Orléans, par sa position avantageuse. De la même route on voit encore celle dite du Val-du-Loup, et enfin plus loin, du côté de Verrières, celle de M. de Foucquet. Cette dernière s'appelle le pavillon de Maladry, sans doute à cause d'une ancienne maladrerie ou hospice qui était à Chatenay, et qui peut-être occupait l'emplacement de ce château.

SCEAUX.

Cette petite ville faisait autrefois partie de l'ancienne province de l'Ile-de-France. Sceaux est maintenant le chef-lieu du troisième arrondissement du département de la Seine, chef-lieu de canton, siége d'une sous-préfecture et d'une justice-de-paix. Les premiers témoignages que l'on ait de son existence ne datent guère que du douzième siècle : il s'est appelé successivement Sceaux-Colbert, Sceaux-du-Mainé et enfin Sceaux-Penthièvre, suivant les différents propriétaires qui l'ont possédé. Depuis la révolution il s'appelait Sceaux tout court, mais les habitants ont obtenu, en 1814, la permission d'ajouter au nom de leur ville celui de leur dernier seigneur, dont la mémoire ne périra jamais parmi eux et ils se plaisent à dire eux-mêmes Sceaux-Penthièvre.

L'église de Sceaux, qui était primitivement dédiée à Saint-Mammès, ayant été rebâtie en 1476, sous Louis XI, par Jean Baillet, seigneur de ce village, il la mit sous l'invocation de son patron Saint-Jean. Deux cents ans après, Colbert la fit encore rebâtir, mais elle garda son patron parce que Colbert s'appelait Jean-Baptiste. Du temps de Louis XI, elle se trouvait au milieu du village, mais Colbert ayant fait abattre un grand nombre de maisons pour agrandir son parc, elle est maintenant à l'entrée du pays et comme isolée. Cette église se ressent du temps où elle a été construite pour la dernière fois et de la puissance de celui qui en a fait les frais, elle est très élégante ; le portail surtout est un morceau remarquable par sa hardiesse, le fini et la délicatesse de ses ornements.

Nous passerons sous silence la longue suite des seigneurs obscurs qui ont possédé la terre de Sceaux, afin d'arriver plus rapidement à l'époque où Colbert vint donner à ce village une splendeur et une importance qu'il n'avait point eue jusqu'alors. Antoine Potier, secrétaire-d'état était seigneur de Sceaux, en 1606 : ce seigneur ayant été tué au siége de Montauban, en 1621, et n'ayant point laissé d'enfants, Sceaux passa à son frère aîné, René Potier, duc de Tresmes. Ce fut ce René qui obtint, en 1671, de Louis XIV, la permission d'établir à Sceaux les foires et marchés, qui se tenaient auparavant dans le bas de Bourg-la-Reine.

Colbert acquit des héritiers du duc de Tresmes, en 1677, la terre de Sceaux, et dès lors le village, le château et le parc, soumis à l'influence de ce puissant ministre, ne furent plus reconnoissables. Le duc de Tresmes avoit fait bâtir dans sa terre une habitation fort agréable ; Colbert ne la trouvant pas assez digne de lui ni des hôtes qu'il voulait y recevoir, la fit renverser, et fit élever à la place un château magnifique, l'un des plus beaux et des plus vastes qui existassent alors aux environs de la capitale. Le parc qu'avait fait planter le duc de Tresmes était modeste et proportionné à sa simple habitation : Colbert en fit abattre une partie, y joignit des fermes toutes entières, et pour l'agrandir encore du côté de Sceaux, il acheta des habitants un grand nombre de maisons, et des ouvriers commandés par lui les eurent bientôt jetées par terre. Le célèbre Le Nôtre, qu'il chargea de la distribution de ce parc immense, en fit bientôt un lieu de délices comme tout ce qui sortait des mains de cet artiste incomparable. Sceaux était devenu le séjour favori du grand Colbert, qui, à l'exemple de son maître, préférait la campagne à Paris. C'est là qu'il médita ces grands projets d'administration, qui ont jeté tant de gloire sur son nom, et donné au commerce français une si grande extension. C'est là que ce ministre se plaisait à honorer de sa protection et les sciences et les arts. Les Mémoires du temps font foi qu'il se plaisait à rassembler souvent à Sceaux les savants de tous les genres.

Colbert eut aussi plusieurs fois l'honneur de recevoir Louis XIV dans son château. Les fêtes qu'il y donnait dans ces occasions à son souverain rivalisaient en magnificence avec celles de Marly ou de Versailles. La première fois que le roi vint l'y visiter, Colbert pour célébrer cet honneur insigne, et pour que les habitants du lieu en gardassent le souvenir, paya de ses propres deniers les six premiers mois de leurs impositions.

Le fils de ce ministre, le marquis de Seignelay, succéda à son père dans la terre de Sceaux, et ajouta encore de nouveaux embellissements à ce séjour enchanteur. Lui-même eut également l'honneur d'y recevoir le roi en 1685.

Le duc du Maine, fils légitimé de Louis XIV et de madame de Montespan, acquit cette terre en 1700, et la présence de ce prince ami des arts et de la magnificence, vint encore ajouter à tous les agréments dont Sceaux était déjà comblé.

Sceaux dut à sa **divinité**, à sa **muse**, c'est ainsi qu'on appelait alors la duchesse du Maine, la gloire de rassembler ce que le dix-huitième siècle avait de plus illustre dans les arts.

C'est là qu'au milieu des fêtes superbes, le savant Malézieu, à la fois auteur et acteur, expliquait à l'aimable duchesse, Homère, Sophocle, Euripide, Virgile et Térence, faisait des impromptus et autres petites pièces de circonstance, et les représentait lui-même sur le théâtre de ce nouveau Parnasse ; c'est là que Lamothe, Fontenelle et une foule d'autres littérateurs, venaient apporter le tribut de leur esprit et contribuer par l'agrément de leur conversation vive et animée aux amusemens des illustres personnages qui les rassemblaient.

Après la mort du duc du Maine, la terre de Sceaux passa entre les mains du bienfaisant duc de Penthièvre. Ce seigneur ne semblait se plaire qu'à faire des heureux, et tout le cours de sa belle vie n'a pour ainsi dire été qu'une bienfaisance continuelle. Non moins ami des lettres que son père, il rassemblait également à Sceaux les littérateurs de son temps, il avait attaché à sa personne l'aimable et sentimental Florian. Cet auteur charmant a fait à Sceaux ses ouvrages les plus gracieux, et il y finit sa vie languissante en 1794. On voit son tombeau dans un petit enclos près de l'église, ce n'est qu'un piédestal d'une simplicité extrême, qui porte son buste. Ces beaux lieux, embellis pendant un siècle par la présence des hommes les plus illustres de la nation, sont devenus à leur tour la proie du vandalisme révolutionnaire. Quoiqu'un décret exprès de la Convention eût ordonné la conservation des maisons et jardins de Sceaux, et leur entretien aux frais de la République, pour servir aux jouissances du peuple et former des établissements utiles à l'agriculture et aux arts, le parc et le château du duc de Penthièvre furent vendus comme biens nationaux, et les acquéreurs, à l'effet de pouvoir payer le prix de leur achat ont fait abattre le magnifique château et détruire le parc, pour en rendre la terre à l'agriculture. L'aspect de ces beaux lieux est maintenant horrible : les bassins sont desséchés ou remplis d'une eau bourbeuse et saumâtre, les allées et les bois arrachés, et ce qui attriste davantage le spectateur, c'est qu'au milieu de ces dévastations, on voit encore quelques statues debout, et qui sont les derniers et tristes débris de l'ancienne splendeur du parc.

M. Desgranges, maire de Soeaux, fit, au moment de la vente, l'acquisition de la partie du parc connue sous le nom de la Ménagerie. Il s'adjoignit pour cette acquisition quelques citoyens aisés de cette commune, et voulant contraster avec la barbarie des autres acquéreurs, ils ont conservé, embelli leur acquisiton, et l'ont généreusement destinée à l'amusement de leurs concitoyens. Tous les dimanches de la belle saison, il y a bal champêtre dans cet ancien jardin de la ménagerie de Colbert, et tel est l'agrément du lieu, que ce bal est sans contredit le plus fréquenté des environs de Paris.

Les acquéreurs de ce jardin ont fait mettre sur la grande porte d'entrée cette inscription :

De l'amour du pays, ce jardin est le gage :
Quelques-uns l'ont acquis tous en auront l'usage

Il y avait à Sceaux, dès l'année 1752, une manufacture de fayence imitant la porcelaine. Elle existe encore aujourd'hui, mais l'aspect des bâtiments en ruine annonce qu'elle a cessé d'être exploitée.

Un admirable petit chemin de fer, construit d'après un nouveau système, relie Sceaux à Paris et en fait maintenant un des faubourgs de cette ville. L'ingénieux procédé qui permet aux wagons de gravir la rapide côte de Sceaux en décrivant des courbes très prononcées sans aucune crainte de déraillement, est dû à M. Arnould, ingénieur.

BOURG-LA-REINE.

Immédiatement au-dessous de Sceaux, se trouve le Bourg-la-Reine. On a débité beaucoup de fables sur l'origine de ce nom ; il est un de ceux sur lesquels les étymologistes se sont le plus exercés. Il y en a même qui prétendent le faire remonter jusqu'à Frédégonde, en 580. Sans s'égarer avec ces savants dans des temps aussi reculés, il vaut mieux avouer l'ignorance où l'on est sur ce sujet.

Ce bourg est traversé par la grande route d'Orléans, ce qui le rend très passager et y a fait établir beaucoup d'auberges. La rivière de Bièvres féconde son territoire qui est très petit ; il ne contient pas plus de deux cents arpents.

On voit au Bourg-la-Reine une maison de campagne qui a été bâtie par Henri IV; le parc qui l'accompagne est assez étendu. Ce bon prince en avait fait cadeau à sa Gabrielle, et souvent il y venait avec elle oublier les chagrins que les ligueurs lui donnaient de temps en temps. On montre encore la chambre qu'elle occupait : elle est telle que Henri IV l'avait fait meubler et orner. M. Janon, négociant, a été le dernier propriétaire de ce domaine, qui vient d'être morcelé et mis en vente. On ne voit au Bourg-la-Reine d'autre établissement industriel qu'une fabrique de fayence.

L'église est moderne et très jolie, mais elle

paraît par son exiguïté insuffisante pour la population.

Le chemin de fer de Sceaux a une station à Bourg-la-Reine. Cette station est même la plus importante de tout son parcours, car c'est là que se prennent les voitures de correspondance qui desservent tous les environs jusqu'à Orsay et Arpajon.

FIN.

www.ingramcontent.com/pod-product-compliance
Lightning Source LLC
LaVergne TN
LVHW021638170726
843501LV00007B/2285